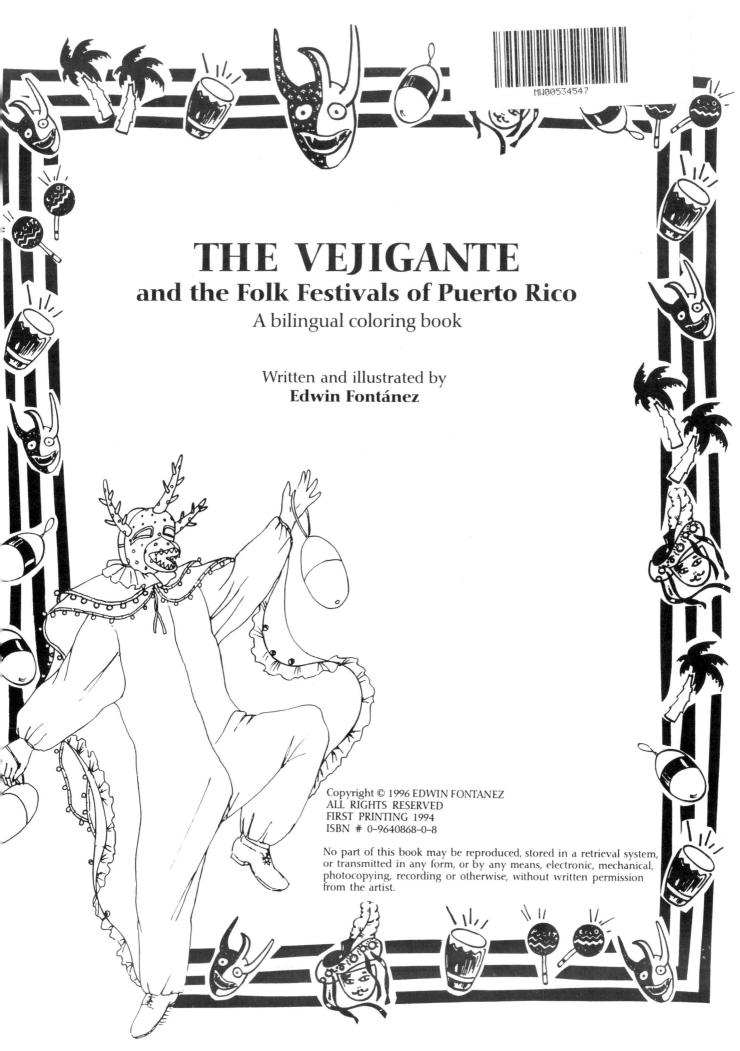

THE VEJIGANTE
and the Folk Festivals of Puerto Rico
A bilingual coloring book

Written and illustrated by
Edwin Fontánez

Copyright © 1996 EDWIN FONTANEZ
ALL RIGHTS RESERVED
FIRST PRINTING 1994
ISBN # 0-9640868-0-8

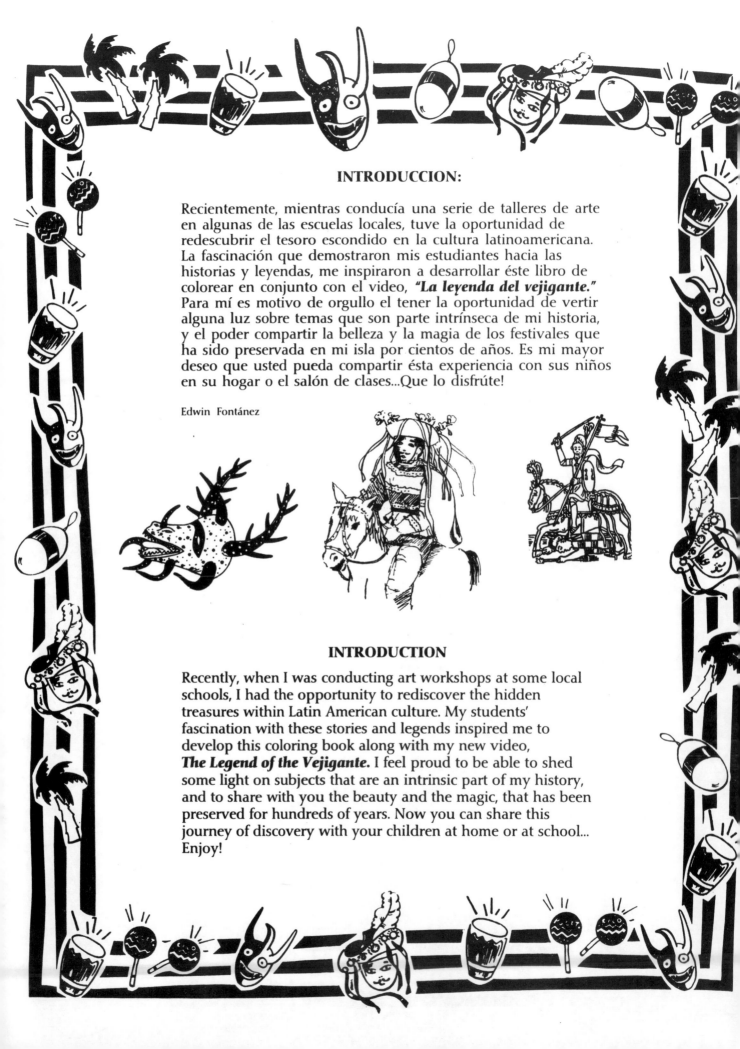

INTRODUCCION:

Recientemente, mientras conducía una serie de talleres de arte en algunas de las escuelas locales, tuve la oportunidad de redescubrir el tesoro escondido en la cultura latinoamericana. La fascinación que demostraron mis estudiantes hacia las historias y leyendas, me inspiraron a desarrollar éste libro de colorear en conjunto con el video, *"La leyenda del vejigante."* Para mí es motivo de orgullo el tener la oportunidad de vertir alguna luz sobre temas que son parte intrínseca de mi historia, y el poder compartir la belleza y la magia de los festivales que ha sido preservada en mi isla por cientos de años. Es mi mayor deseo que usted pueda compartir ésta experiencia con sus niños en su hogar o el salón de clases...Que lo disfrúte!

Edwin Fontánez

INTRODUCTION

Recently, when I was conducting art workshops at some local schools, I had the opportunity to rediscover the hidden treasures within Latin American culture. My students' fascination with these stories and legends inspired me to develop this coloring book along with my new video, ***The Legend of the Vejigante.*** I feel proud to be able to shed some light on subjects that are an intrinsic part of my history, and to share with you the beauty and the magic, that has been preserved for hundreds of years. Now you can share this journey of discovery with your children at home or at school... Enjoy!

EL VEJIGANTE:

El vejigante es un personaje fantástico, lleno de colorido. Este personaje fué introducido en las celebraciones de carnaval cientos de años atrás. El vejigante es un ejemplo clásico de la mezcla de culturas africana, española y caribeña con la cultura Puertorriqueña. El nombre "vejigante" viene de la palabra *vejiga*. El vejigante infla una vejiga de vaca, después de seca, la pinta con colores brillantes hasta que parezca un globo. El disfraz de vejigante se hace de retazos o sobrantes de telas, y parece un traje de payaso, con alas de "murciélago" bajo los brazos. Durante el carnaval en Ponce, los vejigantes recorren las calles de la ciudad en grupos, persiguiendo niños y mujeres, golpeándolos juguetonamente con sus vejigas. El vejigante es un personaje tan antiguo, que hasta es mencionado en un pasaje de la novela clásica *Don Quijote*, escrita en el 1605!

THE VEJIGANTE:

The Vejigante (bay–he–GAHN–tay) is a fantastic, colorful character introduced into carnival celebrations hundreds of years ago. He is a classic example of the blending of African, Spanish, and Caribbean influences in Puerto Rican culture. The name *Vejigante* comes from the Spanish word for bladder, *vejiga*. The Vejigante inflates a dried cow's bladder and paints it to resemble a balloon. The Vejigante's costume is made from scraps of fabric and looks like a clown suit with a cape and bat wings under the arms. During the carnival celebrations in Loíza Aldea and Ponce, the Vejigantes roam the streets in groups and chase children with their *vejigas*. The Vejigante is such an old character that he is even mentioned in the classic novel *Don Quixote* written in 1605.

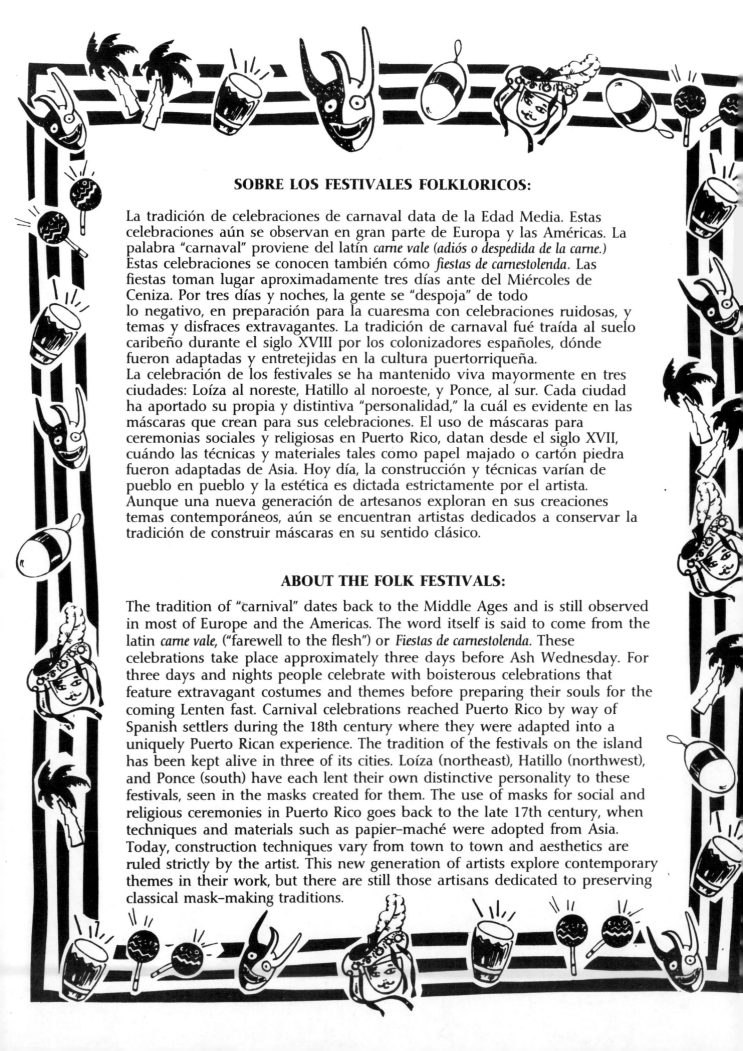

SOBRE LOS FESTIVALES FOLKLORICOS:

La tradición de celebraciones de carnaval data de la Edad Media. Estas celebraciones aún se observan en gran parte de Europa y las Américas. La palabra "carnaval" proviene del latín *carne vale (adiós o despedida de la carne.)* Estas celebraciones se conocen también cómo *fiestas de carnestolenda*. Las fiestas toman lugar aproximadamente tres días ante del Miércoles de Ceniza. Por tres días y noches, la gente se "despoja" de todo lo negativo, en preparación para la cuaresma con celebraciones ruidosas, y temas y disfraces extravagantes. La tradición de carnaval fué traída al suelo caribeño durante el siglo XVIII por los colonizadores españoles, dónde fueron adaptadas y entretejidas en la cultura puertorriqueña. La celebración de los festivales se ha mantenido viva mayormente en tres ciudades: Loíza al noreste, Hatillo al noroeste, y Ponce, al sur. Cada ciudad ha aportado su propia y distintiva "personalidad," la cuál es evidente en las máscaras que crean para sus celebraciones. El uso de máscaras para ceremonias sociales y religiosas en Puerto Rico, datan desde el siglo XVII, cuándo las técnicas y materiales tales como papel majado o cartón piedra fueron adaptadas de Asia. Hoy día, la construcción y técnicas varían de pueblo en pueblo y la estética es dictada estrictamente por el artista. Aunque una nueva generación de artesanos exploran en sus creaciones temas contemporáneos, aún se encuentran artistas dedicados a conservar la tradición de construir máscaras en su sentido clásico.

ABOUT THE FOLK FESTIVALS:

The tradition of "carnival" dates back to the Middle Ages and is still observed in most of Europe and the Americas. The word itself is said to come from the latin *carne vale,* ("farewell to the flesh") or *Fiestas de carnestolenda*. These celebrations take place approximately three days before Ash Wednesday. For three days and nights people celebrate with boisterous celebrations that feature extravagant costumes and themes before preparing their souls for the coming Lenten fast. Carnival celebrations reached Puerto Rico by way of Spanish settlers during the 18th century where they were adapted into a uniquely Puerto Rican experience. The tradition of the festivals on the island has been kept alive in three of its cities. Loíza (northeast), Hatillo (northwest), and Ponce (south) have each lent their own distinctive personality to these festivals, seen in the masks created for them. The use of masks for social and religious ceremonies in Puerto Rico goes back to the late 17th century, when techniques and materials such as papier-maché were adopted from Asia. Today, construction techniques vary from town to town and aesthetics are ruled strictly by the artist. This new generation of artists explore contemporary themes in their work, but there are still those artisans dedicated to preserving classical mask-making traditions.

El Festival de Hatillo
de los Santos Inocentes:

Las fiestas en el pueblo de Hatillo se celebran el 27 y 28 de diciembre. Commemorando el día religioso de la "Matanza de los Santos Inocentes," ésta tradición fué traída directamente de España. Los disfraces y caretas representan los soldados de Herodes, quién ordenó asesinar a todos los varones recién nacidos tratando de prevenir el nacimiento de Cristo. El festival celebra el escape de la muerte del mesías. En Hatillo, los participantes de las fiestas usan máscaras hechas de malla de alambre pintadas, representando a los soldados. Las máscaras y disfraces son comúnmente adornados con sombreros estilo "Napoleón," adornados con cintas de colores. El disfraz se confecciona mayormente de telas y colores metálicos. Los soldados portan coronas y espadas de cartón. Tradicionalmente gente joven se visten como centuriones (soldados Romanos) y van de casa en casa buscando niños. En cada casa se les ofrecen monedas, bebidas o dulces y si se les invita a entrar.

Los centuriones cantan canciones sobre el rey Herodes y los inocentes. Estas celebraciones reflejan las tradiciones traídas a Puerto Rico por los emigrantes Españoles désde las Islas Canarias.

The Hatillo Festival
of the Holy Innocents:

In the town of Hatillo (ah–TEE–joe), on the 27th and 28th of December, festivities commemorate the religious day of the "Slaughter of the Holy Innocents," a tradition brought from Spain. The costumes and masks represent the soldiers whom King Herod ordered to kill all male babies in an attempt to prevent the birth of Christ. The festival celebrates the messiah's escape from death. In Hatillo, people favor masks made of wire mesh painted to resemble the soldiers. The masks are topped with a Napoleonic hat covered with colored ribbons. The costumes are made of bright metallic fabrics and the soldiers carry crowns and cardboard swords.

Traditionally young people dressed as centurions (Roman soldiers) go from house to house looking for children. They are given coins, beverages, or candy and if they are invited in, they sing carols about Herod and the Innocents. This celebration clearly reflects the traditions brought to Puerto Rico from the Canary Islands by Spanish immigrants.

Hatillo mascarader
Máscara de Hatillo

Painted wire mesh "Knight" mask and hat
Máscara de caballero de alambre pintado y sombrero

Herod's soldiers
Comparsa de soldados de Herodes

Centurion paying a visit
Centurión visitando una casa

Loíza:
Las Fiestas de Santiago Apóstol

Las Fiestas de Loíza dedicadas a Santiago de Compostela, el santo patrón de España, se observan durante la tercera semana de julio. Esta tradición fué traída a la isla por los colonizadores españoles. El personaje principal es Santiago, también conocido cómo "Santiago Matamoros." Cientos de años atrás, los Españoles determinaron que el Cristianismo conquistaría otras religiones. Ellos pensaban que toda religión que no compartía el concepto de Cristianismo eran paganas y malvadas. Durante las Santas batallas entre Moros y Cristianos cientos de años atrás, cuenta la leyenda que Santiago descendió desde el cielo cabalgando en su caballo blanco y dirigió los soldados cristianos hacia la victoria. Santiago simboliza el triunfo del Cristianismo sobre todo "mal." En este carnaval se representa a Santiago como un caballero.

Las máscaras de los vejigantes de Loíza se hacen de cáscaras de coco y son pintadas con colores de esmalte brillantes. Por lo regular tienen tres cuernos en la frente, tallados cuidadosamente en madera.

La comunidad de Loíza es primordialmente de descendencia Africana y celebran este carnaval cristiano combinado con creencias y tradiciones religiosas traídas de Africa. En este caso, Santiago representa a Ogún, el dios Yoruba de la guerra y el trueno. El vejigante representa todo lo malo y negativo a la vez que simboliza la resistencia a la conversión Cristiana de parte de los moros. Santiago y el vejigante de Loíza son parte de un ritual complejo que además incluyen los personajes de "el viejo" y "la loca." Las máscaras de estas fiestas reflejan la combinación de culturas española y africana. La bomba es la música que se oye en Loíza durante el carnaval, también refleja claramente la influencia Africana. La bomba se distingue por sus instrumentos de percusión y ritmo contagioso. La plena, una expresión musical más reciente, se considera como un "periódico musical" que relata sucesos acontecidos por medio de canciones. La plena fué creada durante los años 1920s.

Loíza:
and its Feasts of Santiago Apostle

In Loíza (low–EESA), the Fiestas de Santiago are observed during the third week of July and were adopted from Spanish settlers. The main character is Santiago Matamoros ("Moorkiller"). Hundreds of years ago, the Spaniards were determined that Christianity would conquer all other religions which they believed were evil. During the holy battles between Christians and Moors, Santiago appeared from the sky on a white horse and led the Christian soldiers to victory. Many Moors were killed and Santiago came to symbolize this triumph over "evil." For this carnival Santiago is represented by a "knight." The masks of Loíza's Vejigantes are made of dried coconut husks hand–painted with bright enamel colors. Three carefully carved wooden horns adorn their foreheads.

The community of Loíza, primarily of African descent, celebrates this Christian carnival while protecting its religious traditions from Africa. The qualities of Catholic saints are merged with those of African gods. In this instance Santiago also represents Ogun, the Yoruba god of war, and the Vejigante symbolizes the resistance of the Moors to Catholicism.

Loíza's Vejigante also takes part in a complicated ritual with Santiago, *el viejo* (the old man), and *la loca* (the crazy woman). The masks from this festival reflect this fusion of Spanish and African culture. The distinctive music heard during carnival in Loíza also reflects the African influence. *Bomba* music is distinguished by pounding percussion and contagious rhythms. The *Plena* is a "musical newspaper" that relates current events through song. It is a more recent form, created in the 1920s. Both kinds of music are played with percussion instruments.

Vejigante from Loíza
Vejigante de Loíza

Santiago, the vejigante, the "crazy woman," and the "old man"
Santiago, el Vejigante, "la loca" y "el viejo"

Bomba and Plena dancers
Bailadores de Bomba y Plena

Santiago's procession to church
La procesión de Santiago a la iglesia

"Santiago Matamoros" carved wooden figure
"Santiago Matamoros" tallado en madera

El Carnaval de Ponce
y su vejigante:

El carnaval en Ponce, una ciudad mayor al sur de la isla, comienza el 2 de febrero, o Día de la Candelaria. Las máscaras son hechas de papel majado o cartón piedra y se caracterizan por su construcción elaborada. La mayor parte de éstas caretas se adornan con cascabeles, y se caracterizan por los muchos cuernos que salen de la base. Las caretas pueden ser tan grandes y elaboradas, cómo la imaginación del artista lo permita. Comúnmente estas tienen un aspecto diabólico, pero otras tienen características de animales fantásticos. El disfraz del vejigante de Ponce es similar al del vejigante de Loíza Aldea. De las tres ciudades, Ponce es la única que incorpora partes del contenido de otros carnavales latinoamericanos tales cómo Rio de Janeiro, Panamá, Caracas y Argentina. Al igual que estas ciudades, Ponce celebra aún el "entierro de la sardina" para señalar el fin del carnaval y el comienzo de la cuaresma. El ritual se desarrolla de éste modo: Se escoge una mujer (la viuda) la cual dirige la marcha fúnebre. Mientras ella se lamenta, la multitud que la sigue toca tambores y cantan canciones. Una vez depositada la "sardina" en la fosa, los asistentes depositan flores mientras cada uno echa un puñado de tierra en la tumba sepulcral. Finalmente la multitud canta su tributo final...

Ya se ha muerto el carnaval!
Ya lo llevan a enterrar;
échenle poquita tierra
que se vuelve a levantar.

Ponce Carnival
and its Vejigante:

Carnival in Ponce (PAWN–say), a major city in the south, begins February 2 on "Día de la Candelaria" (Day of the Bonfire). The masks are made of papier–maché (shredded newspapers) and are characterized by their elaborate construction. Most are adorned with many horns and bells. The masks can be as big and elaborate as the artist's imagination. Commonly, they have a demonic or devilish appearance, but others resemble fantastic animals.

Of the three cities, Ponce has borrowed the "whimsical" format of other Latin American carnivals such as those in Rio de Janeiro, Panamá, Caracas and Argentina. Each of these countries still celebrate the "burial of the sardine" to mark the end of Carnival and the beginning of Lent. The ritual is similar in each country: a chosen woman leads a "funeral procession" playing the part of the grieving widow while the crowd beats drums and sings songs. As the sardine is laid to rest in its grave, flowers and sweets are offered and each person throws in a handful of dirt. Then the crowd sings a final tribute:

Ya se ha muerto el carnaval!
Ya lo llevan a enterrar;
échenle poquita tierra
que se vuelve a levantar.

Carnival is dead now
They are burying him;
Throw just a little dirt in
So he can rise again.

Don Miguel Angel Caraballo, one of Ponce's most distinguished mask-makers
Don Miguel Angel Caraballo, uno de los mascareros más distinguidos de Ponce

Interpretations and variations of "vejigas"
Interpretaciones y variaciones de "vejigas"

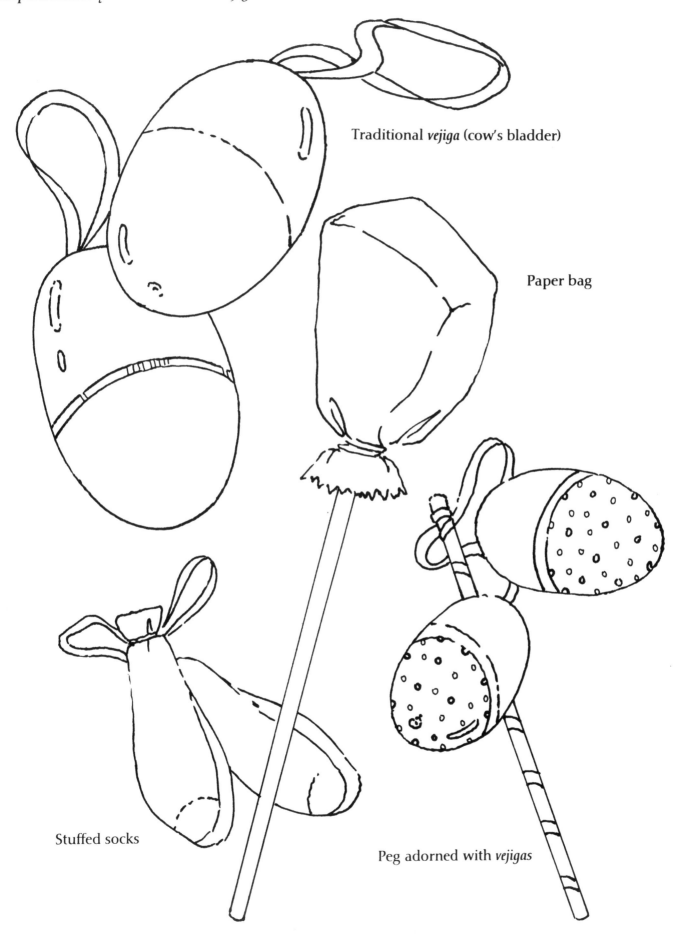

Traditional *vejiga* (cow's bladder)

Paper bag

Stuffed socks

Peg adorned with *vejigas*

Vejigantes in a Ponce Street
Vejigantes en una calle en Ponce

Vejigante "chicken" mask
Máscara con características de gallina

Vejigante with vejiga
Vejigante con vejigas

¿uedes identificar las ciudades de dónde
nen estos personajes?
¿uedes nombrar a los personajes?

Can you identify what cities these
characters come from? Can you name them?

A. Vejigante from Ponce, B. Vejigante mask from Ponce, C. Vejigante from Loíza Aldea, D. Hatillo masquerader, E. La loca from Loíza Aldea, F. Comparsa from Hatillo, G. El viejo from Loíza Aldea

About the Artist...

Edwin Fontánez is a Puerto Rican artist who lives and works in Washington, D.C. He is constantly experimenting and extending the boundaries of his creative skills, which include everything from painting and writing to design. A love for his native land and a desire to protect his cultural heritage have motivated him to create a series of books and videos based on Puerto Rican and other Latin–American cultures. The series features *The Vejigante and the Folk Festivals of Puerto Rico* (coloring book) and *The Legend of the Vejigante* (video) as well as the newest addition, *Taíno: Guanín's Story* (video) and the *Taíno Activity Book*, a colorful tale of Puerto Rico's native people.

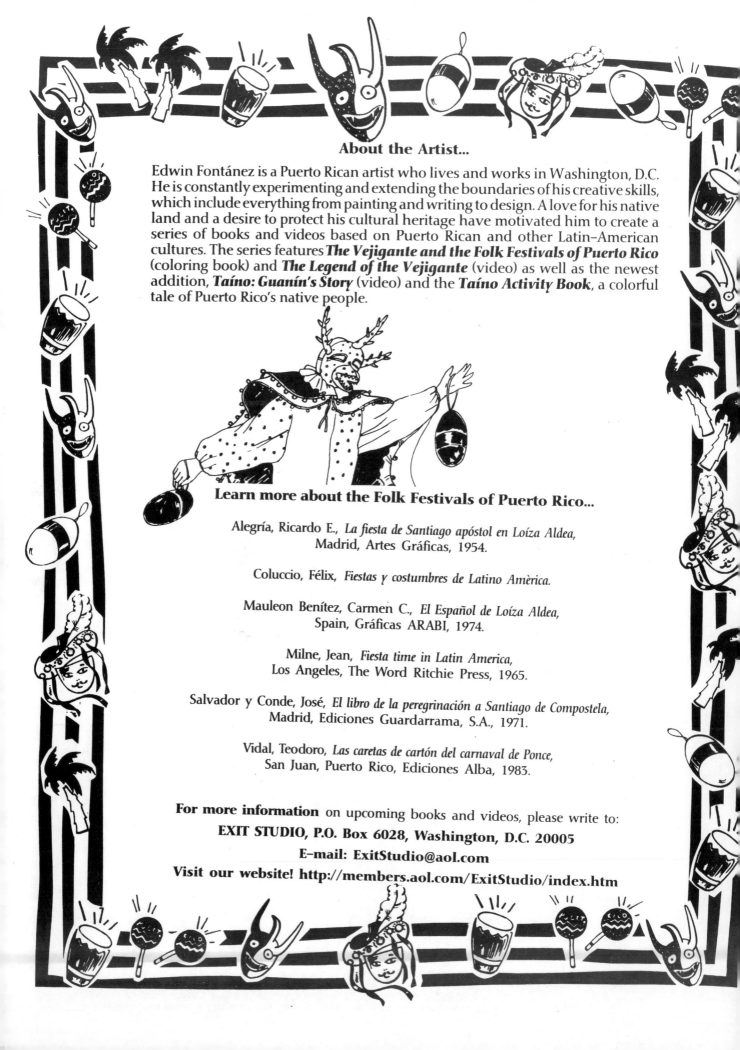

Learn more about the Folk Festivals of Puerto Rico...

Alegría, Ricardo E., *La fiesta de Santiago apóstol en Loíza Aldea*, Madrid, Artes Gráficas, 1954.

Coluccio, Félix, *Fiestas y costumbres de Latino Amèrica*.

Mauleon Benítez, Carmen C., *El Español de Loíza Aldea*, Spain, Gráficas ARABI, 1974.

Milne, Jean, *Fiesta time in Latin America*, Los Angeles, The Word Ritchie Press, 1965.

Salvador y Conde, José, *El libro de la peregrinación a Santiago de Compostela*, Madrid, Ediciones Guardarrama, S.A., 1971.

Vidal, Teodoro, *Las caretas de cartón del carnaval de Ponce*, San Juan, Puerto Rico, Ediciones Alba, 1983.

For more information on upcoming books and videos, please write to:
EXIT STUDIO, P.O. Box 6028, Washington, D.C. 20005
E–mail: ExitStudio@aol.com
Visit our website! http://members.aol.com/ExitStudio/index.htm